Daniela Geis

Birgit Kaltenmorgen

Die fröhliche Hüpfkiste

Bewegungs-, Sing- und Spielideen für die Kleinen

Illustrationen: Susanne Krauß

Menschenkinder

Impressum

1. Auflage 1997
Menschenkinder Verlag, 48157 Münster

Druck: Westermann Druck Zwickau GmbH
Redaktion: Jutta Nymphius, Hamburg
Satz und Layout: Diemon Design, Münster

Printed in Germany 1997

Die Deutsche Bibliothek- CIP-Einheitsaufnahme
Kaltenmorgen, Birgit:
Die fröhliche Hüpfkiste : Bewegungs-, Sing- und Spielideen für die Kleinen / Birgit Kaltenmorgen. Ill.: Susanne Krauß. - Münster : Menschenkinder, 1997
ISBN 3-89516-072-5

Inhalt

Inhalt

Inhalt

Vorwort

Kinder brauchen ein Leben, in dem Bewegung und Aktivität zum natürlichen Alltag gehören. Aber wie sieht die Realität aus? Kleine Wohnungen, fehlende Spielplätze und gefährliche Straßenverhältnisse bestimmen die Lebensumstände vieler Kinder. Auch wird der Einfluss des Fernsehens, des Videogerätes, des Computers und weiterer elektronischer Unterhaltungsgeräte immer größer und damit häufig körperliche Betätigung und natürliche Spielphantasie der Kinder immer kleiner. Gerade deswegen ist es so wichtig, dass die Erwachsenen die Initiative übernehmen und bereits die Kleinsten zum Bewegen und Singen animieren. "Die fröhliche Hüpfkiste" ist gefüllt mit vielen Bewegungs-, Sing- und Spielideen für drinnen und draußen. Sie sind besonders für Kinder zwischen zwei und vier Jahren geeignet, aber auch jüngere und ältere Kinder werden jede Menge Spaß an den vorgestellten Anregungen haben. Die Spiele können als Partnerübungen zwischen Mutter oder Vater und Kind durchgeführt werden. Die meisten von ihnen eignen sich aber auch für Kindergeburtstage und Spielenachmittage, für den Einsatz in Kindergärten und Kindergruppen oder beim Eltern-

Kind-Turnen. Die Hilfsmittel und Materialien sind alle einfach und preiswert zu beschaffen.
Die Eltern sollten sich nach Möglichkeit stets die Zeit zum Mitspielen nehmen, denn diese Erfahrung fördert und intensiviert die Beziehung zwischen Erwachsenen und Kindern. Es sollte jedoch immer darauf geachtet werden, dass kein Zwang entsteht und dass die Spiele nie zu einer pädagogischen Übungseinheit werden.
Primäres Ziel der vorgestellten Bewegungsideen, Lieder und Verse ist es, für Spiel, Spaß und Spannung zu sorgen. Durch regelmäßiges Anwenden werden spielerisch unter anderem auch die Koordination gefördert, die Haltung geschult, die Muskeln gekräftigt, die Wahrnehmung gefördert, das Gleichgewichtssystem unterstützt, die Geschwindigkeit erfahren und die Rhythmik geschult.

Ich hoffe, dass „Die fröhliche Hüpfkiste“ Ihr Repertoire an Bewegungsspielen für die Kleinsten erweitern und Ihnen ein nützlicher Wegbegleiter sein wird.

Ihre Birgit Kaltenmorgen

1. Spiele mit verschiedenen Materialien

Reissäckchen

Reissäckchen können gut auch bei leichten Wurfspielen eingesetzt werden, da sie keine Verletzungsgefahr bergen. Für die Spiele werden pro Kind ein bis fünf Säckchen benötigt.

Für das Nähen der Reissäckchen werden verschiedene Stoffe, eine Schere, eine Nähmaschine, Nadel und Faden sowie Reis als Füllmaterial gebraucht. Der Stoff sollte dicht gewebt sein, damit die Füllung nicht durch das Gewebe nach außen dringen kann.

Die Herstellung eines Reissäckchens ist ganz einfach: Zwei Stoffstücke werden auf die Maße 10 cm x 15 cm zugeschnitten und danach jeweils rechts auf rechts aufeinander gelegt. Anschließend werden drei Seiten vollständig und die vierte Seite etwa zu Zweidrittel mit der Nähmaschine zugesteppt. Durch die noch verbleibende Öffnung wird der Stoff ganz nach außen gestülpt.

Nun kann das Säckchen mit etwa 100 g Reis gefüllt werden. Die Öffnung wird schließlich am besten von Hand zugenäht.

Anstelle von Reis eignen sich als Füllmaterialien zum Beispiel auch Erbsen, Sand, Linsen oder kleine Styroporkugeln.

Es tanzt ein Bi-ba-butzemann

Text: nach „Des Knaben Wunderhorn“ / Melodie: volkstümlich

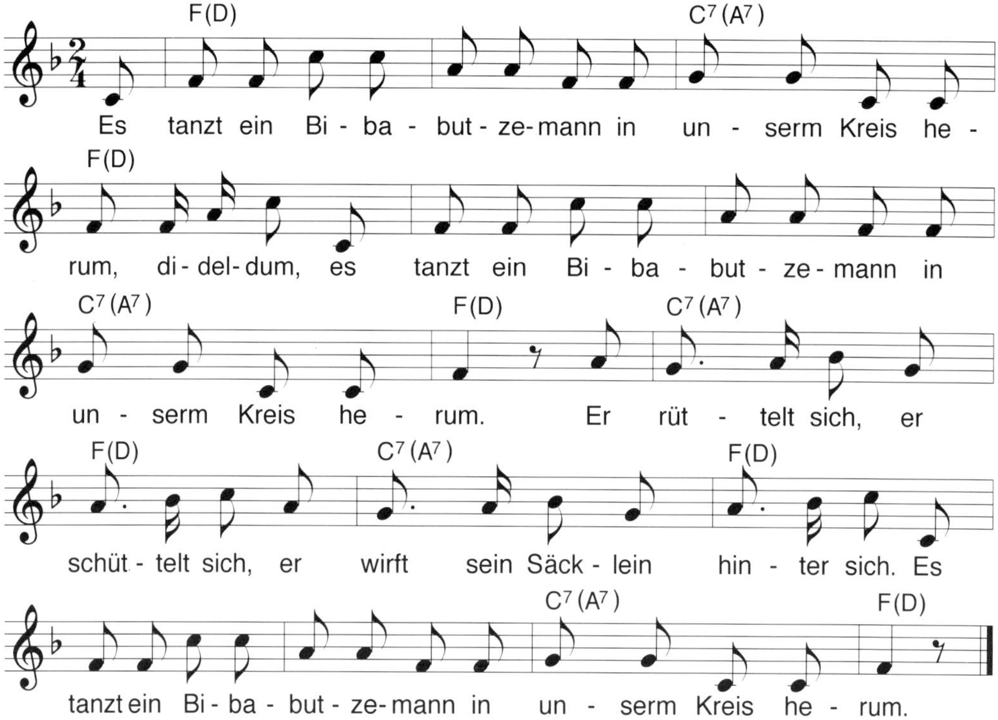

An der Stelle „Er rüttelt sich …“ schütteln sich alle das Reissäckchen ab.

Hexentanz

Das Reissäckchen wird auf den gebeugten Rücken des Kindes gelegt. In dieser Haltung geht, läuft und tanzt das Kind wie eine Hexe, möglichst ohne dass das Säckchen hinunterfällt. Als Begleitung wird dazu mit dem Kassettenrecorder ein Kinderlied gespielt oder Erwachsene und Kinder singen gemeinsam das Lied vom „Bibabutzemann“ und führen die im Lied genannten Bewegungen entsprechend durch.

Balancieren

Das Säckchen wird auf den Kopf gelegt und dort balanciert. Wenn mehrere Kinder mitspielen, können sie entweder kreuz und quer durch den Raum gehen oder eine zuvor abgesteckte Route durchlaufen. Noch interessanter wird es, wenn dabei viele Hindernisse zu überwinden sind, wie zum Beispiel ein kleiner Hocker, über den das Kind steigen muss, ein aufgespannter Gummitwist, weitere Reissäckchen oder Kissen. Das Kind kann aber auch mit dem Reissäckchen auf dem Kopf verschiedene alltägliche Bewegungen ausführen, beispielsweise Hinsetzen, Aufstehen, Bücken oder in die Hocke gehen, ohne dass das Säckchen herunterfällt.
Dann balanciert das Kind das Reissäckchen abwechselnd auf dem linken und auf dem rechten Fuß. Wer kann den Fuß mit dem Säckchen auch hochheben?
Die Kinder können die Säckchen auch auf anderen Körperteilen balancieren, wie beispielsweise auf den Handaußenflächen, Schultern oder Ellbogen.

Säckchenwurf

Je ein Kind und ein Erwachsener werfen sich das Reissäckchen gegenseitig zu. Es macht auch einen riesigen Spaß, wenn beide jeweils ein Säckchen haben, das sie gleichzeitig hochwerfen, fangen oder auf den Boden fallen lassen. Das Ganze wird so oft wiederholt, wie es Spaß macht.
Für die ganz Kleinen ist auch die folgende Übung spannend: Das Kind oder ein Erwachsener wirft das Säckchen ein Stück nach vorn und beide laufen dann gemeinsam hinterher.

Zielwerfen

Die Kinder werfen aus einer vorher festgelegten Entfernung ihr Reissäckchen durch einen senkrecht hochgehaltenen Reifen hindurch.

Höhe und Entfernung sind jeweils den Kindern anzupassen.
Es kann auch ein Behälter (wie zum Beispiel ein Korb oder ein Eimer) aufgestellt werden und die Kinder versuchen von einer Markierungslinie aus, die Säckchen dort hineinzuwerfen.

Säcklein, Säcklein, du musst wandern

Text: volkstümlich, Bearbeitung: Birgit Kaltenmorgen / Melodie: nach „Taler, Taler, du musst wandern“

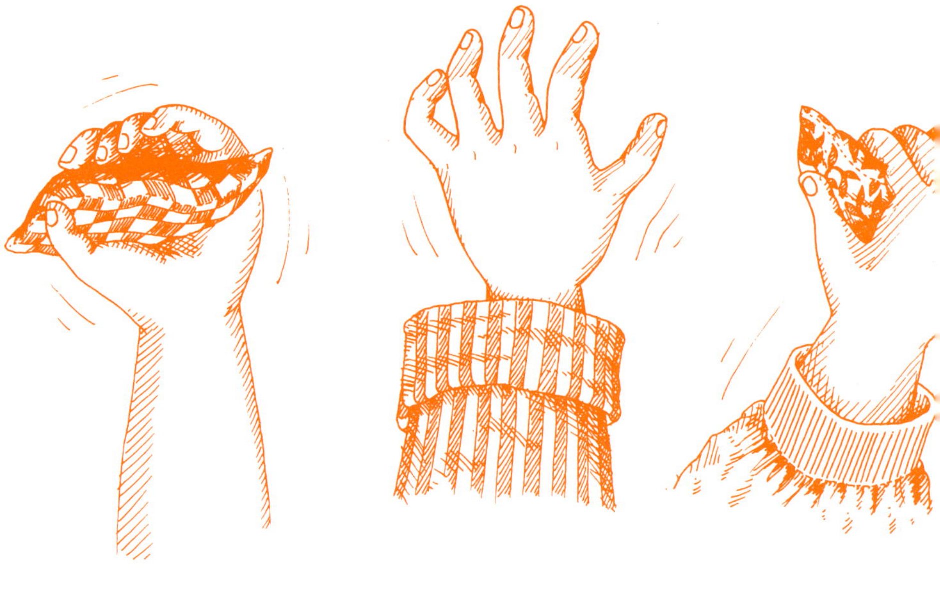

2. Säcklein, Säcklein, du musst wandern
von dem einen Fuß zum andern.
Seht euch euren Fuß nur an!
Was der alles machen kann.

Weitergeben

Es wird ein Kreis gebildet, in dem abwechselnd ein Erwachsener und ein Kind stehen. Bei älteren Kinder kann der Kreis auch nur aus Kindern bestehen. Nun muss das Säckchen möglichst schnell von Hand zu Hand weitergereicht werden. Danach wird das Säckchen mit den Füßen von Person zu Person weitergeschoben. Statt nur einem Reissäckchen können auch mehrere Säckchen gleichzeitig eingesetzt werden.
Zu diesem Spiel kann der nebenstehende Text gesprochen oder zu der Melodie von „Taler, Taler, du musst wandern" gesungen werden.

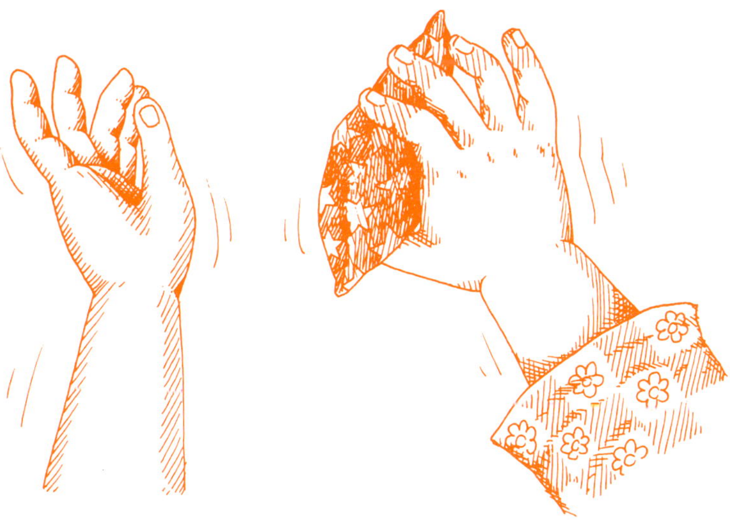

Unten durch und oben drüber

Das Kind steht hinter einem Erwachsenen. Dieser reicht das Reissäckchen durch seine gegrätschten Beine hindurch an das Kind weiter. Danach werden die Positionen getauscht, das heißt, das Kind steht jetzt vorn und gibt das Säckchen nach hinten durch. Anschließend stellt sich das Kind wieder hinter den Erwachsenen, der nun das Reissäckchen vorsichtig über den Kopf rückwärts wirft. Das Kind versucht, das Säckchen aufzufangen. Wieder werden danach die Positionen getauscht.

Gewichtheben

Das Kind sitzt mit gestreckten Beinen auf dem Boden. Es legt sich das Säckchen auf die Füße und versucht die geschlossenen Beine möglichst gestreckt anzuheben. Dabei kann sich das Kind mit den Händen hinter dem Becken abstützen.

Hindernisbahn

Mehrere Säckchen werden in einigem Abstand hintereinander auf dem Fußboden angeordnet. Die Kinder hüpfen über die Säckchen hinüber, und zwar entweder mit geschlossenen Füßen (Schlusssprung) oder sie springen mit einem Fuß ab und landen mit dem anderen (Schrittsprung).
Die Größeren versuchen, die Hindernisse auf nur einem Bein zu überspringen. Danach laufen alle im Slalom um die Säckchen herum.

Brummi fahren

Die Säckchen stellen in diesem Spiel Lastwagen, also Brummis, dar, in denen der Reis als Transportgut befördert wird. Die Kinder sitzen mit gestreckten Beinen auf dem Boden. Alle versuchen, ihren Brummi von der linken Seite aus mit beiden Händen ganz um die Beine herumzuführen. Die Beine bleiben dabei möglichst gestreckt und geschlossen am Boden liegen.

Wenn der Brummi auf der rechten Seite angekommen ist, werden die Beine etwas angewinkelt, wobei die Fersen aber am Boden bleiben. Durch den so entstandenen Tunnel wird der Brummi hindurchgeführt und fährt damit wieder zu seiner Ausgangsposition zurück. Natürlich wird das ganze Spiel durch laute und leise „Brumm-Brumm"- oder „Tüt-Tüt"- Geräusche begleitet!
Da diese Spielidee bei Kindern meist sehr beliebt ist, kann sie auch mehrmals wiederholt werden.

Mit Kopf und Fuß

Die Mutter oder der Vater tragen das Kind auf den Armen. Das Reissäckchen wird zwischen die Stirn von Elternteil und Kind eingeklemmt. Nun wird ein Ziel vorgegeben, zu dem das Paar schnell hinlaufen muss.

Bei mehreren Mutter-Kind-Paaren und/oder Vater-Kind-Paaren kann auch ein Wettlauf gestartet werden.
Welches Paar ist am schnellsten? Allerdings ist bei diesem Spiel besondere Vorsicht geboten, da die Sicht der Läufer eingeschränkt ist!

Tücher

Pro Kind werden zwei bis vier verschiedenfarbige Tücher benötigt. Für das Nähen der Tücher braucht man Stoffe in den verschiedenen Grundfarben und aus unterschiedlichen Materialien (wie beispielsweise Baumwolle, Seide oder Chiffon), eine Schere sowie eine Nähmaschine. Ein etwa 50 cm x 50 cm großes Stück Stoff wird zugeschnitten und ein kleiner Saum wird auf allen Seiten mit der Nähmaschine umgenäht, um Ausfransen zu verhindern. Alternativ können auch Halstücher für die Spiele verwendet werden.

Raten durch Tasten

Dem Kind werden mehrere bekannte Gegenstände gezeigt, die anschließend alle unter Tüchern versteckt werden. Nun soll das Kind durch Tasten erraten, welcher Gegenstand unter welchem Tuch liegt.

Ziehen

Ein Erwachsener und ein oder zwei Kinder stehen sich gegenüber und halten die Enden von zwei Tüchern mit je einer Hand fest. Dann werden die Tücher gegenläufig vor- und zurückgezogen.
Ein andere Möglichkeit ist, dass das Kind lediglich ein Tuchende mit beiden Händen vor dem Körper festhält. Der Erwachsene hält das andere Ende mit beiden Händen hinter seinem Rücken, wobei er dem Kind den Rücken zukehrt. In dieser Position kann er nun das Kind durch den Raum oder auch nach draußen führen. Danach können die Rollen getauscht werden.

Werfen und Fangen

Ein Erwachsener und/oder das Kind selbst werfen ein Tuch hoch und das Kind versucht es zu fangen. Während sich das Tuch in der Luft befindet, versucht das Kind zusätzlich so oft wie möglich in die Hände zu klatschen.
Für dieses Spiel eignen sich Chiffon- oder Seidentücher besonders gut.

Farbe bekennen

Die Kinder laufen mit den Tüchern in der Hand kreuz und quer durch einen Raum. Sobald ein Erwachsener „Rot zu mir!“ ruft, laufen diejenigen Kinder, die ein rotes Tuch haben, zu ihm hin. Entsprechend wird bei anderen Farben verfahren.

Hausputz

Kinder und Erwachsene singen die Strophen des Liedes zur Melodie von „Ein Vogel wollte Hochzeit machen“ und führen die im Text beschriebenen Bewegungen mit ihren Tüchern aus.

Wir putzen heute unser Haus

Text: Birgit Kaltenmorgen / Melodie: nach „Ein Vogel wollte Hochzeit machen“

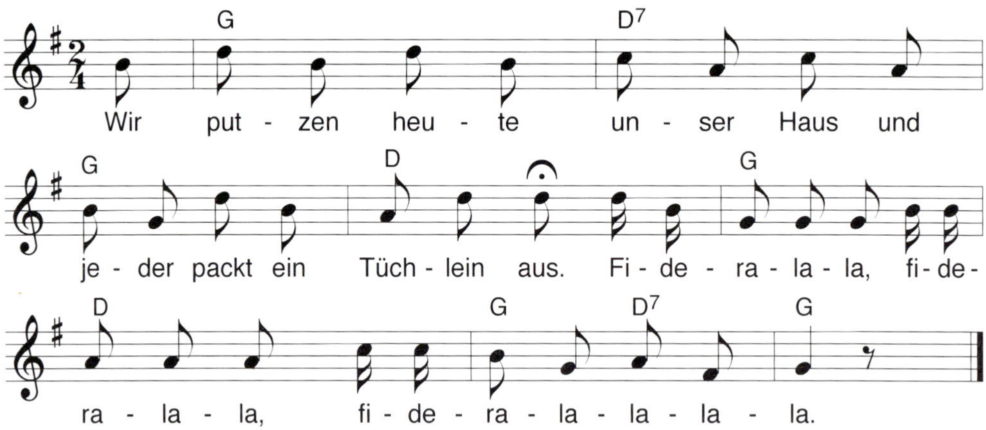

2. Wir fangen mit den Fenstern an
und jeder putzt, so gut er kann.
Fideralala, fideralala, fideralalalala.

3. Das Bettzeug schütteln ist nun dran
und jeder schüttelt, so fest er kann.
Fideralala, fideralala, fideralalalala.

4. Wir wischen nun den Staub
schnell weg,
die Möbel sind bald ohne Dreck.
Fideralala, fideralala, fideralalalala.

5. Den Lappen wringen ist nun dran und
jeder wringt, so fest er kann.
Fideralala, fideralala, fideralalalala.

6. Wir wischen nun den Boden rein, das
Haus, das wird bald sauber sein.
Fideralala, fideralala, fideralalalala.

7. Der Hausputz ist beendet jetzt und
jeder wirft den Lappen weg.
Fideralala, fideralala, fideralalalala.

Bewegungsvorschläge:
1. *Ein zusammengefaltetes Tuch ausschütteln.*
2. *Pantomimisch ein Fenster putzen.*
3. *Das Tuch mit beiden Händen aus schütteln.*
4. *Pantomimisch ein großes Möbel stück von oben bis unten abwischen.*
5. *Das Tuch wie einen feuchten Lappen auswringen.*
6. *In der Hocke den Boden wischen.*
7. *Tuch nach hinten werfen und in die Hände klatschen.*

Festgebunden

Das linke Bein des Kindes und das rechte Bein des Erwachsenen werden mit einem Tuch aneinander gebunden. Nun müssen sich beide aufeinander einstellen und gemeinsam durch den Raum gehen.

Tanzen

Aus dem Kassettenrecorder ertönt ein Lieblingslied der Kinder. Dazu wird fetzig getanzt, wobei die Kinder versuchen, mit den Tüchern zum Beispiel die folgenden Bewegungsübungen zu machen:
Abwechselnd mit der linken und rechten Hand wird das Tuch vor dem Körper und seitwärts kreisen gelassen. Außerdem können die Tücher ganz hoch geworfen und wieder aufgefangen werden. Zwischendurch schwingen die Kinder die Tücher frei zur Melodie.

Fleißige Füße

Das Kind sitzt auf dem Boden und faltet ein vor ihm liegendes Tuch mit seinen nackten Füßen zusammen. Danach versucht das Kind, das Tuch wieder auseinander zu falten.

Gegenstände übergeben

Ein Erwachsener hält ein Tuch an zwei sich gegenüberliegenden Seiten fest. Diese Ausgangsposition nimmt auch das Kind mit

einem eigenen Tuch ein. Auf dem Tuch des Erwachsenen liegt ein kleiner Gegenstand, wie zum Beispiel ein Holzklotz oder ein Reissäckchen. Er versucht nun den Gegenstand auf das Tuch des Kindes zu legen. Dieser sollte dabei möglichst weder herunterfallen noch mit den Händen berührt werden.
Kann das Kind in gleicher Weise den Gegenstand an den Erwachsenen zurückgeben?

Wir machen eine Reise

Ein Erwachsener nimmt das eine Ende eines Tuches in die Hand und ein Kind das andere Ende. Mit der anderen Hand hält das Kind ein weiteres Tuchende fest, an dessen gegenüberliegendem Ende ein zweiter Erwachsener steht und so weiter. Somit entsteht eine kleine „Reisegesellschaft“ , die durch Tücher miteinander verbunden ist. Sie wandert nun durch einen oder durch verschiedene Räume oder auch draußen umher, je nach Alter der Kinder auch mit wechselndem Tempo. Vielleicht kann die Reisegesellschaft auch nur aus Kindern bestehen.
Anstelle einer Schlange kann auch ein Kreis gebildet werden.

Zu dieser Übung macht es besonders viel Spaß, ein Reiselied zu singen, wie zum Beispiel die folgenden beiden.

Die Eisenbahn, die Eisenbahn

Text: Lore Kleikamp / Melodie: Detlev Jöcker

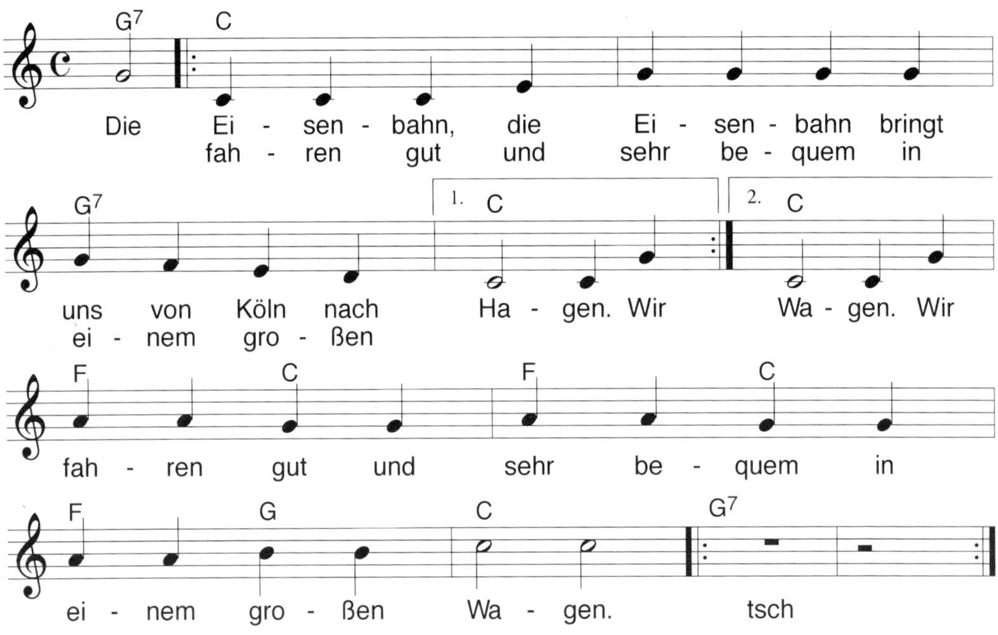

Wir fahren nach Jerusalem

Text und Melodie: volkstümlich

Reifen

Pro Kind werden ein Reifen und für einige Spiele auch ein Ball benötigt.

Spieglein, Spieglein

In diesem Spiel stellt der Reifen einen Spiegel dar. Ein Erwachsener hält den Reifen auf Gesichtshöhe des Kindes. Das Kind möchte in den Spiegel schauen. Der aber wird von dem Erwachsenen hin und her bewegt. Gelingt es dem Kind trotzdem, einen Blick hineinzuwerfen?
Bei etwas größeren Kindern kann dieses Spiel durch den folgenden Dialog begleitet werden: Der Erwachsene fragt: „Spieglein, Spieglein an der Wand, wer ist die/der Schönste im ganzen Land?" Sobald es in den Spiegel schauen kann, antwortet das Kind: „Ich bin die/der Schönste im ganzen Land."

Pferdchen, lauf Galopp

Das Kind steht im Reifen, den es auf Brusthöhe vor sich hält. Der Erwachsene steht außerhalb des Reifens und hält diesen hinten fest: Das Kind ist also das Pferd und der Erwachsene der Reiter. Auf den Zuruf „Hopp, hopp!", läuft das Pferd mit dem Reiter los. Somit kann das Kind Tempo und Laufrichtung selbst bestimmen.
Eine Variante dieses Spiels funktioniert wie folgt: Das Kind steht im hinteren Reifenteil, den es seitlich festhält, und der Erwachsene steht vor dem Kind außerhalb des Reifens, den er mit beiden Händen hinter dem Rücken greift: Nun ist das Kind der Kutscher und der Erwachsene das Pferd. Hierbei sollte der Erwachsene das Lauftempo möglichst dem Kind anpassen.
Bei beiden Varianten sollten auch öfter die Rollen getauscht werden. Diese Übung kann mit dem Singen des folgenden Liedes begleitet werden.

Hopp, hopp, hopp

Text und Melodie: volkstümlich

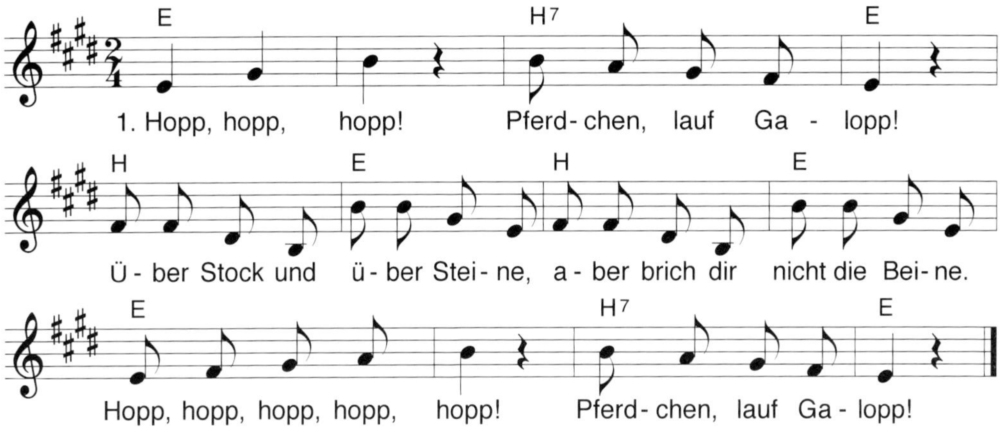

2. Tip, tip, tap!
Wirf mich nur nicht ab!
Zähme deine wilden Triebe,
Pferdchen, tu es mir zuliebe.
Tip, tip, tip, tip, tap!
Wirf mich nur nicht ab!

3. Brr, brr, he!
Steh doch, Pferdchen, steh!
Sollst schon heute weiter springen,
muss dir nur erst Futter bringen.
Brr, brr, brr, brr, he!
Steh doch, Pferdchen, steh!

4. Ha, ha, ha!
Hei, nun sind wir da!
Diener, Diener, liebe Mutter,
findet auch mein Pferdchen
Futter?
Ha, ha, ha, ha, ha!
Hei, nun sind wir da!

Hauswechsel

Mehrere Reifen liegen auf dem Boden verteilt. Ein Kind oder ein Erwachsener zusammen mit einem Kind stehen jeweils im Reifeninneren. Jeder Reifen soll ein Haus darstellen. Auf den Zuruf „Hauswechsel!" laufen alle kreuz und quer durch den Raum und suchen sich ein neues Haus.

Rein und raus

Es werden mehrere Reifen im Raum verteilt. Die Kinder springen in die Reifen rein und wieder raus, solange es ihnen Spaß macht. Sie können sich dabei auch im Rückwärtsspringen versuchen.
Durch einfache Spielergänzungen ergeben sich bei dieser Bewegungsidee abwechslungsreiche Varianten: Alle Kinder befinden sich zu Beginn außerhalb der Reifen. Auf den Zuruf „Setzen!" springen alle in einen Reifen hinein und setzen sich. Auf den nächsten Zuruf „Auf einem Bein stehen!" springen die Kinder aus dem Reifen heraus, in den nächsten hinein und stellen sich auf ein Bein. Weitere Zurufe können zum Beispiel sein: „In die Hocke gehen!", „Auf den Bauch legen!" oder „Auf den Rücken legen!" und so weiter.

Hinein und hindurch

Ein Erwachsener hält den Reifen waagerecht knapp über den Boden. Das Kind steigt in den Reifen hinein und wieder heraus. Bei jedem weiteren Durchgang wird der Reifen nun immer ein Stück höher gehalten. Welche Höhe können die Kleinen noch bewältigen? Ein ähnliches Bewegungsspiel kann auch mit einem senkrecht gehaltenen Reifen ausgeführt werden, durch den die Kinder hindurchsteigen.

Angebunden

Der Reifen liegt auf dem Boden. Das Kind hat ein Bein im Reifen und das andere außerhalb, so als sei es im Reifeninneren angebunden. Auf diese Art und Weise läuft es nun immer um den Reifen herum.
Dann geht das Kind in eine hohe Liegestützposition, bei der nun die Hände im Reifeninneren „angebunden" sind. Die Füße befinden sich außerhalb. Auch in dieser Haltung läuft bzw. trippelt das Kind um den Reifen herum. Nach einer Weile wird bei beiden Übungen die Laufrichtung geändert.

Insel hüpfen

Die Reifen werden in geringen Abständen zueinander auf den Boden gelegt. Die Reifen sind nun Inseln, zwischen denen Wasser liegt. Wer springt von Insel zu Insel, ohne dabei ins Wasser zu fallen?

Mühle

Ein Erwachsener und ein Kind stehen sich gegenüber und halten zwischen sich einen Reifen jeweils mit beiden Händen waagerecht fest. Nun sprechen sie den Text „Die Mühle" auf der folgenden Seite und führen die darin beschriebenen Bewegungen aus.

Die Mühle

Text: volkstümlich

1. Die Mühle, die macht klapp, klapp, klapp,
2. der Müller, der macht trapp, trapp, trapp.
3. Die Mühle, die braucht Wind, Wind, Wind,
4. sonst geht sie nicht geschwind.
5. Wir zählen bis zehn,
6. die Mühle bleibt steh´n.
5. Wir zählen bis hundert,
7. die Mühle geht runter.
5. Wir zählen bis tausend,
8. die Mühle kann sausen.
5. Wir zählen bis acht,
9. die Mühle, die kracht.

Bewegungsvorschläge:

1. *Reifen abwechselnd auf der rechten und linken Seite auf den Boden schlagen.*
2. *Stampfen.*
3. *Pusten.*
4. *Langsam im Kreis gehen.*
5. *Im Kreis gehen.*
6. *Stehenbleiben.*
7. *In die Hocke gehen.*
8. *Schnell im Kreis laufen.*
9. *Sich vorsichtig auf den Boden fallen lassen.*

Ball einfangen

Ein Erwachsener rollt einen Ball durch den Raum und das Kind versucht diesen mit dem Reifen einzufangen und zum Halten zu bringen. Danach können die Rollen getauscht werden.

Hochwassser

Kinder und Erwachsene laufen kreuz und quer durch einen Raum, in dem Reifen am Boden verteilt liegen. In diesem Bewegungsspiel stellen die Reifen kleine Inseln dar. Es macht besonderen Spaß, zur Musik aus dem Kassettenrecorder zu laufen. Auf den Zuruf „Hochwasser!“ müssen die Kinder schnell in einen Reifen

steigen beziehungsweise sie müssen sich auf einer Insel vor dem Hochwasser retten!
Bei diesem Spiel sollte die Anzahl der Reifen der Anzahl der Kinder entsprechen, so dass jedem Kind oder jedem Kind-Erwachsenen-Paar eine Insel zur Verfügung steht.

Seil und Wollfaden

Benötigt werden ein Wollknäuel, ein etwa vier Meter langes Seil und pro Kind ein Springseil.

Spinnennetz

Diese Übung kann nur in einer größeren Gruppe von Kindern und Erwachsenen durchgeführt werden. Alle setzen sich zu einem großen Kreis zusammen. Ein Erwachsener hat einen Wollknäuel in der einen Hand und hält mit der anderen den Anfangsfaden am Boden fest. Der Wollknäuel wird nun einem gegenübersitzenden Kind zugeworfen, wobei sich der Faden vom Knäuel abwickelt. Das Kind spannt diesen Faden und hält ihn mit Hilfe eines Erwachsenen straff am Boden fest. Dann wirft es den Knäuel einem weiteren Kind zu.
Wichtig ist, dass der Faden nicht losgelassen wird. Wenn alle Kinder einen Wollfaden auf dem Boden spannen, ist das Spinnennetz fertig gewebt. Dann halten die Erwachsenen die Fäden fest und heben das Netz auf eine Höhe von etwa einem 1/2 Meter an. Alle Kinder krabbeln nun unter dem Netz durch. Danach krabbeln die Kinder zu den Erwachsenen zurück, die nun das Netz auf eine Höhe von etwa 20 cm bis 30 cm senken, und die Kinder übersteigen das Netz.

Tipp: Diese Übung eignet sich auch gut zum gegenseitigen Kennenlernen. Dazu nennen die Kinder beim Fangen des Wollknäuels ihren Namen.

Umlaufen

Ein Kind und ein Erwachsener oder mehrere Kinder laufen kreuz und quer um die auf dem Boden ausgelegten Seile. Auf den Zuruf „Hinlegen!“ legen sich alle schnell neben ein Seil.
Statt Laufen können auch Hüpfen, Kriechen oder andere Fortbewegungsarten gewählt werden.

Seiltanzen

Das Seil wird gestreckt auf dem Boden ausgelegt. Nun versucht

das Kind auf dem Seil zu balancieren. Es kann dabei vorwärts, rückwärts oder seitwärts gehen. Wem gelingt dabei sogar ein Kunststück, wie zum Beispiel auf einem Bein stehen? Um das Balancieren noch abwechslungsreicher zu machen, kann das Kind auch einen aufgespannten Regenschirm oder einen Besenstiel, der als Querstange dient, in die Hand nehmen.
Die Erwachsenen sind die begeisterten Zuschauer und applaudieren gewaltig!

Zickzack hüpfen

Die Kinder hüpfen im Zickzack über ihre am Boden liegenden Seile, entweder auf einem oder auf beiden Beinen.
Um die Rhythmik zu schulen, können die Kinder auch zum Takt einer der folgenden Verse springen. Dabei wird jede Silbe von einem Sprung begleitet.

Der Zwerg

Auf einem riesengroßen Berg,
da sitzt ein lieber dicker Zwerg.
Doch plötzlich springt er hin und her,
und das gefällt den Kindern sehr.

Ich zähle

Ich zähle bis drei,
Kinder essen gerne Brei.
Die Maus isst den Speck
und ich spring weg.

Tappe, tappe

Tappe, tappe, großer Fuß,
rate mal, wer springen muss?
Tappe, tappe, buh,
heute ich und morgen du!

Im Zoo

Mit einem langen oder mit mehreren kurzen Seilen wird eine kurvige Linie im Raum oder auch draußen gelegt. Entlang diesem Seilweg bewegen sich die Kinder beliebig fort. Sie können zum Beispiel:

- Fliegen wie die Vögel, das heißt, mit ausgestreckten Armen laufen.
- Krabbeln wie die Käfer, auf Händen und Füßen.
- Stampfen wie die Elefanten.
- Hüpfen wie die Kängurus mit geschlossenen Füßen.
- Laufen wie die Affen, das heißt, Schultern nach vorn hängen lassen und eine etwas gebückte Haltung einnehmen.
- Galoppieren wie die Pferde.

Tauziehen

Ein Kind und ein Erwachsener sitzen oder stehen sich gegenüber und halten jeweils das Ende eines Seils in der Hand. Nun beginnt das Tauziehen. Der Erwachsene soll gerade so viel Kraft aufwenden, dass das Kind beim Ziehen nur ein wenig nach vorn und beim Loslassen lediglich ein bisschen nach hinten kippt. Hingegen darf das Kind natürlich fest ziehen und der Erwachsene fällt einige Male vornüber!

Pferdchen

Das Kind ist das Pferdchen, das wie folgt die Zügel angelegt bekommt: Das Seil wird um den Nacken gelegt und dann unter den Achseln hindurch nach hinten geführt, so dass keinerlei Verletzungsgefahr besteht. Das ist wichtig! Der Erwachsene, der hinter dem Kind steht, nimmt die beiden Zügel in die Hand und ruft „Lauf, mein Pferdchen, lauf!“, und schon geht es los. Danach können Pferdchen und Reiter ihre Position tauschen. Dieses Bewegungsspiel kann auch von folgendem Lied begleitet werden:

Schritt vor Schritt

Text und Melodie: Detlev Jöcker

2. Schritt vor Schritt,
galoppiert mein kleines Pferdchen.
Schritt vor Schritt,
galoppier ich immer mit.
Refrain: Links herum und rechts herum ...

3. Schritt vor Schritt,
ja, so springt mein kleines Pferdchen.
Schritt vor Schritt,
ja, so spring ich immer mit.
Refrain: Links herum und rechts herum ...

4. Schritt vor Schritt,
ja, so rennt mein kleines Pferdchen.
Schritt vor Schritt,
ja, so renn ich immer mit.
Refrain: Links herum und rechts herum ...

Seilspringen

Das Kind hält ein Seil an beiden Enden fest und die Seilmitte liegt vor ihm auf der Erde. Nun soll es darüber steigen oder sogar auch springen, ohne die Enden loszulassen. Wer kann diese Übung auch rückwärts bewältigen?
Nun schwingen zwei Erwachsene ein langes Seil im weiten Bogen herum. Die anderen Erwachsenen laufen jeweils mit einem Kind an der Hand im richtigen Augenblick unter dem Seil hindurch, ohne getroffen zu werden. Wer von den größeren Kindern kann schon allein unter dem schwingenden Seil hindurchlaufen?
Jetzt halten zwei Erwachsene ein langes Seil mal hoch und mal niedrig und die Kleinen laufen oder springen hinüber, krabbeln oder robben darunter her.

Schlängeln

Ein Erwachsener schlängelt das Seil hinter sich her und das Kind versucht auf das Seil zu treten.
Nun schlängeln zwei Erwachsene ein langes Seil und die Kinder versuchen darüber zu springen, ohne das Seil zu berühren.

Lokomotive

Ein Erwachsener hält das Ende eines langen Seils in der Hand. Die Kinder stellen sich entlang dem Seil hintereinander auf und halten es in gleichmäßigen Abständen je mit einer Hand fest. Der Erwachsene ist jetzt die Lokomotive und die Kinder sind die Eisenbahnwagen.
Der Zug fährt los und alle rufen:
„Tschuf, tschuf, tschuf,
tschuf, tschuf, tschuf.
Wir sind eine Eisenbahn
und schau´n uns ferne Länder an.
Tschuf, tschuf, tschuf,
tschuf, tschuf, tschuf.
Wir sind eine Eisenbahn
und haben viele Wagen dran.
Tschuf, tschuf, tschuf,
tschuf, tschuf, tschuf."

Bälle

Pro Kind sollten mehrere Plastik- und Schaumstoffbälle in verschiedenen Größen, leere Konservendosen, ein Reifen, eine Glocke, leere Plastikflaschen, ein alter Strumpf, sowie Pappteller zur Verfügung stehen.

Die Henne und das Ei

Ein oder mehrere Kinder laufen in einem Raum umher, in dem Bälle am Boden verteilt liegen. Dabei sollte die Anzahl der Kinder der Anzahl der Bälle entsprechen. Die Kinder stellen Hennen dar, gackern laut und laufen mit seitwärts ausgestreckten Armen. Auf den Zuruf „Such dir ein Ei!“ setzt sich jedes Kind schnell auf einen Ball, hat also als Henne ein Ei gefunden.

Zuwerfen und Fangen

Ein Erwachsener und ein Kind stehen sich gegenüber und werfen sich den Ball zu. Die Kleineren werfen den Ball mit beiden Händen von unten, während die Größeren den Ball mit nur einer Hand über den Kopf abwerfen. Wer kann den Ball mit ausgestreckten Armen fangen und dann an die Brust ziehen?

Wurfgarten

Es wird ein Wurfgarten angelegt. Dazu werden verschiedene Gegenstände aufgehangen oder aufgestellt, wie zum Beispiel

- Glocken an die Decke,
- Turm aus Büchsen oder Büchsenpyramide,
- Reifen an die Decke.

Die Kinder versuchen, die Gegenstände von einer nahen Linie aus mit dem Ball zu treffen oder den Ball durch die Wurfgartenelemente hindurchzuwerfen.
Der Aufbau sollte möglichst vielfältig sein und beim Treffen sollten verschiedene Geräusche erzeugt werden.

Zurollen

Ein Erwachsener und ein Kind sitzen sich mit gegrätschten Beinen auf dem Boden gegenüber. Nun rollen sie sich den Ball gegenseitig zu.
Beim Hin- und Herrollen kann der folgende Reim aufgesagt werden, der die Kinder in Spannung hält:

Eins, zwei, drei

Eins, zwei, drei,
vier, fünf, sechs, sieben,
wo ist denn der Ball geblieben?
Ist mal hier und ist mal da,
ist dieses Spiel nicht wunderbar?

Beine hoch

Das Kind sitzt mit gestreckten Beinen auf dem Boden und hat den Ball seitlich von den Beinen platziert. Nun hebt es die Beine möglichst gerade und geschlossen über den Ball, legt sie auf der anderen Seite wieder ab und wiederholt dann die Übung von dieser Seite aus. Falls das Kind dabei Schwierigkeiten haben sollte, muss ein Erwachsener die Beine führen.

Überspringen

Das Kind versucht über einen am Boden liegenden Ball zu springen. Dieses Bewegungsspiel kann auch zu einem Singspiel ausgeweitet werden: Die Kinder und Erwachsenen singen die aufgeführten Strophen des Liedes „Häslein in der Grube“, und am Ende jeder Strophe versuchen die Kinder zur Aufforderung „Häslein, hüpf!“, die mindestens dreimal gesungen werden sollte, über den Ball zu springen.

Häslein in der Grube

Text und Melodie: volkstümlich

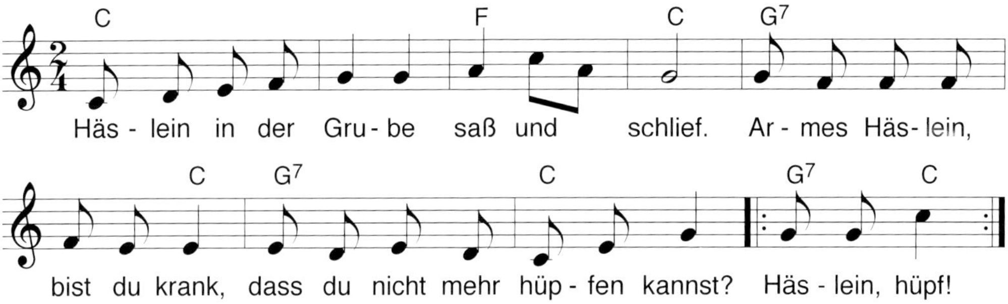

2. Häslein in der Grube
nickt und weint.
Doktor, komm geschwind herbei
und verschreib ihm Arzenei.
Häslein, hüpf!

3. Häslein in der Grube
hüpft und springt.
Häslein, bist du schon kuriert?
Hui, das rennt und galoppiert!
Häslein, hüpf!

4. Häslein hintern Bäumen
nickt und lacht.
Liebes Häslein, nicht so schnell,
nimm mich mit zur frischen Quell.
Häslein, hüpf!

Einklemmen

Das Kind klemmt sich einen Ball zwischen die Füße, und ein Erwachsener, der im Grätschstand hinter ihm steht, fasst es unter die Achseln. Nun schwingt der Erwachsene das Kind durch seine Beine und das Kind versucht den Ball zum richtigen Zeitpunkt loszulassen, so dass er möglichst weit nach vorn fällt.
Zwischen mehreren Erwachsenen und Kindern kann so auch ein kleiner Wettbewerb gestartet werden.

Kegeln

Es werden mehrere leere Plastikflaschen aufgestellt. Die Kinder versuchen mit einem Ball, den sie über den Boden rollen, die Flaschen umzustoßen.
Je kleiner die Kinder sind, desto größer sollte der Ball sein und/oder desto geringer die Entfernung zwischen den Kindern und den Flaschen.

Hammerwerfen

Ein kleiner Schaumstoffball wird in einen langen Kniestrumpf gesteckt. Der Strumpf wird direkt über dem Ball verknotet, so dass dieser nicht herausfallen kann. Nun kann das Kind in der olympischen Disziplin „Hammerwerfen" antreten: Es dreht sich mit dem Wurfgerät einige Male um die eigene Achse und lässt es dann los. Wer kann den Hammer am weitesten werfen?
Dieses Spiel sollte im Freien oder in einem großen Raum durchgeführt werden.

Balllauf

Ein Ball wird auf einen Pappteller gelegt. Das Kind versucht nun mit dem Teller in beiden Händen oder in nur einer Hand möglichst schnell zu einem vorher festgelegten Ziel zu laufen.

LIMO

Frisbeescheiben

Pro Kind benötigt man zwei Frisbeescheiben.

Versteckspiel

Ein Erwachsener und ein Kind verstecken ihr Gesicht hinter jeweils einer Frisbeescheibe und sitzen oder stehen sich gegenüber. In unregelmäßigen Abständen schauen sie hinter der Scheibe hervor und rufen dabei laut „Kuckuck!“, worauf der jeweils andere auch schnell hinter der Scheibe hervorgucken soll. Zwischendurch winken sie sich mit der Scheibe gegenseitig oder auch anderen Personen zu und rufen dabei „Hallo!“

Mit Schirm, Charme und Melone

Die Frisbeescheibe wird wie ein Hut auf den Kopf gelegt und das Kind geht damit kreuz und quer durch den Raum. Wer will, kann auch Drehungen oder Kniebeugen versuchen.
Plötzlich fängt es an zu regnen und die Flugscheibe wird zu einem Schirm umfunktioniert. Dazu wird sie mit einer oder beiden Händen über den Kopf gehalten.

Auf und nieder

Das Kind hält eine Frisbeescheibe mit beiden Händen fest. Zuerst wird die Flugscheibe weit oben auf das „Dach“ gelegt. Dazu stellt sich das Kind auf die Zehenspitzen und streckt die Arme weit nach oben. Danach wird die Frisbeescheibe zwischen den gegrätschten Beinen hindurch möglichst weit nach hinten auf den Boden gelegt und somit in den „Keller” gebracht.
Dieses Bewegungsspiel sollte mehrmals wiederholt werden.

Servieren

Auf seine flache Hand legt das Kind die Frisbeescheibe, die nun ein Tablett ist. Jetzt können ganz verschiedene Dinge serviert werden, wie beispielsweise ein Pappbecher, ein kleiner Ball oder ein

Apfel. Die ganz Kleinen können das Tablett auch mit beiden Händen festhalten. Die etwas Größeren hingegen versuchen es anstelle der flachen Hand auch einmal mit dem Handrücken oder der Faust.

Klopfen und Klatschen

Mit der Frisbeescheibe wird abwechselnd laut und leise sowie schnell und langsam auf den Boden geklopft.
Dann wird geklatscht: Dazu werden zwei Frisbeescheiben benötigt, mit denen abwechselnd vor und hinter dem Körper oder über dem Kopf geklatscht wird. Rhythmikübungen dieser Art werden noch wirkungsvoller, wenn sie zum Takt eines Verses, wie zum Beispiel dem folgenden Klatschspiel, durchgeführt werden.

Bei Müllers hat´s gebrannt

Text: volkstümlich

Bei Müllers hat´s gebrannt-brannt-brannt,
da bin ich hingerannt-rannt-rannt.
Da kam ein Polizist-zist-zist,
der schrieb mich auf die List-List-List.
Die List fiel in den Dreck-Dreck-Dreck,
da war mein Name weg-weg-weg.

Wettlauf mit der Scheibe

Das Kind versucht die Flugscheibe wie ein Rad über den Boden zu rollen, wobei natürlich ein Erwachsener helfen kann. Dann läuft es der Scheibe hinterher, um sie wieder einzufangen.

Kran

Das Kind sitzt auf dem Boden und klemmt sich die Flugscheibe zwischen beide Füße. Nun versucht es, ohne die Scheibe zu verlieren, die Beine hochzuheben und dazu noch möglichst gestreckt zu halten. Bei dieser Übung kann sich das Kind mit beiden Händen auf dem Boden abstützen.

Hampelmann

Das Kind springt in typischen Hampelmann-Bewegungen: Die Ausgangsposition sind geschlossene Füße und seitlich herunterhängende Arme. Dann wird in die Beingrätsche gesprungen und gleichzeitig werden die Hände mit je einer Frisbeescheibe über dem Kopf zusammengeklatscht. Danach wird wieder in die Ausgangsposition zurückgesprungen.

Uhren

Mit Hilfe der Frisbeescheibe wird nun eine Uhr simuliert. Dazu wird die Scheibe mit ausgestreckten Armen vor den Körper gehalten und entsprechend dem nebenstehenden Liedtext und der dazugehörigen Bewegungsanleitung geführt.

Bewegungsvorschläge:

1. *Möglichst große und langsame Kreise schwingen und bei den Worten „tick" und „tack" ganz kleine Pausen machen.*
2. *Kleine schnelle Kreise in Kinnhöhe schwingen und auch hier bei den Worten „ticke" und „tacke" Pausen machen.*
3. *Die Schwingungen noch kleiner und schneller werden lassen. Zusätzlich kann der Text von Satz zu Satz auch immer leiser gesprochen werden.*

Auto fahren

Die Frisbeescheibe ist in diesem Spiel ein Steuerrad und wird dementsprechend gehalten. Besonderen Spaß macht das Kurven- sowie Vor- und Rückwärtsfahren. Auch kann das Tempo öfters geändert werden, also im Wechsel schnell und langsam. Dabei sollte natürlich das Schalten in einen anderen Gang nicht vergessen werden. Zwischendurch fahren die tüchtigen Autofahrer auch einmal rückwärts in eine Parklücke hinein und wieder heraus. Während der gesamten Fahrzeit sollten insbesondere die Motoren- und Bremsgeräusche nicht vergessen und wichtige Verkehrsregeln beachtet werden. Mit ausgestreckten Armen und zwei Frisbeescheiben in den Händen können auch die beiden Tragflächen eines Flugzeugs simuliert werden. Dann wird entsprechend geflogen.

Große Uhren gehen: Tick tack

Text und Melodie: volkstümlich

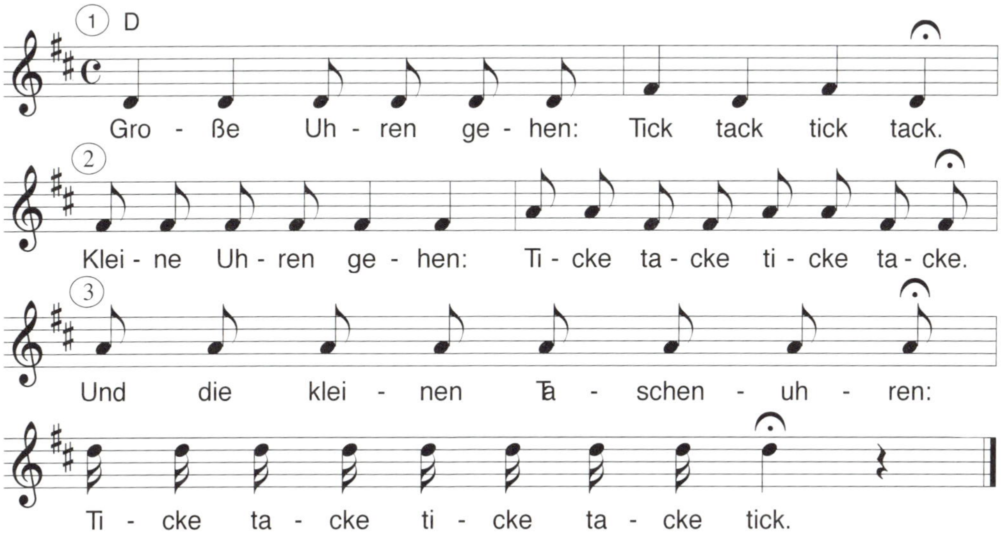

Wolldecke und Bettlaken

Pro Kind sind eine Wolldecke und ein Bettlaken ausreichend. Beteiligen sich jedoch mehr als sechs Kinder an den Spielen, ist es sinnvoll, vier Bettlaken zu einem großen Laken zusammenzunähen. Zusätzlich werden Luftballons und Bälle benötigt.

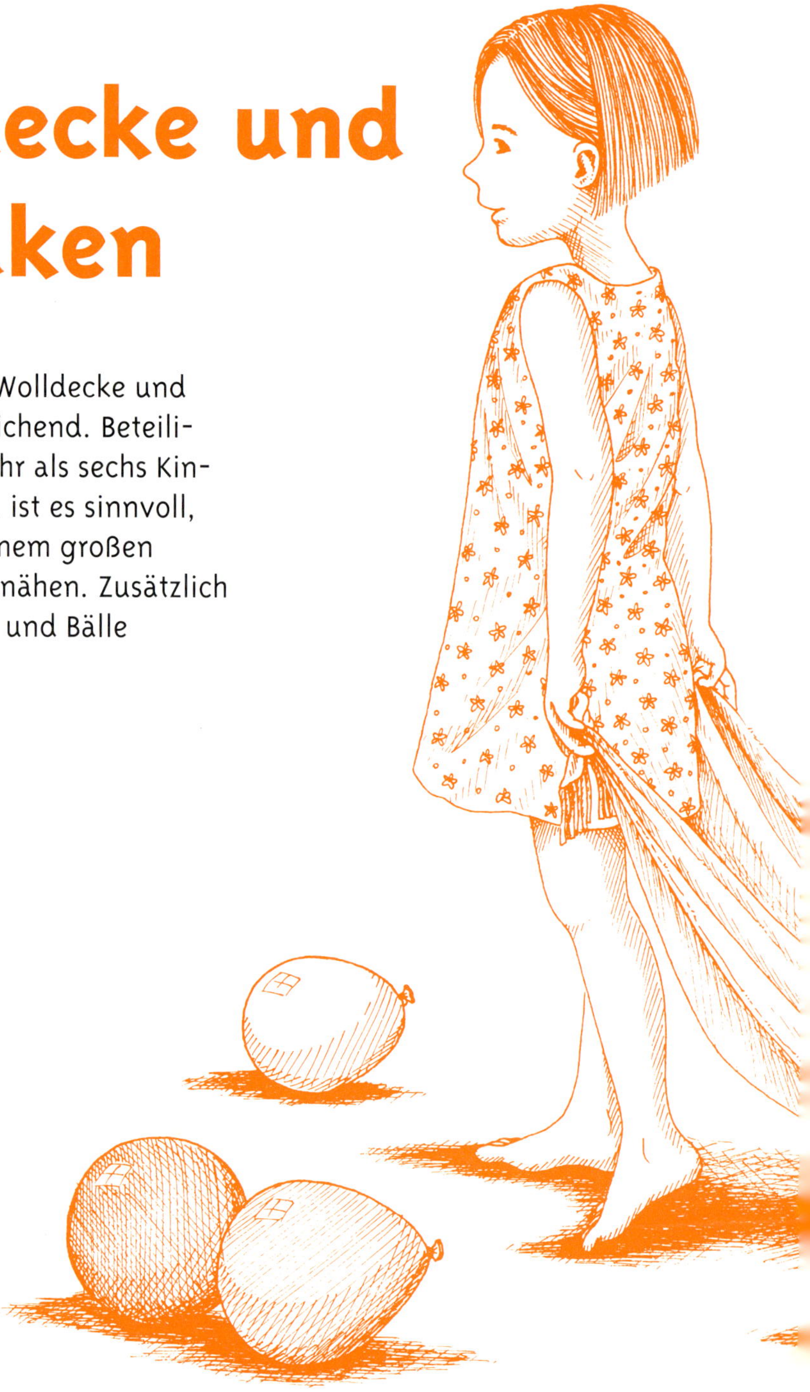

Flagge zeigen

Kinder und Erwachsene verteilen sich gleichmäßig um ein Bettlaken herum und halten es mit einer Hand fest. Dann laufen sie entsprechend einer vorher festgelegten Route los. Besonders viel Spaß macht das Laufen zur Musik aus dem Kassettenrecorder.
Für ein solches Spiel ist natürlich sehr viel Platz erforderlich. Es lässt sich zum Beispiel gut in einer Turnhalle während des Eltern-Kind-Turnens oder draußen in einem großen Garten durchführen.

Wellen schlagen

Alle stellen sich um ein Bettlaken herum, fassen es an den Rändern und bewegen es auf und ab, so dass im Laken Wellenbewegungen entstehen. Die Wellen sind abwechselnd hoch und niedrig, je nach großen Auf- und Abbewegungen von Hüfte bis Kopf oder kleinen Bewegungen im Bauchbereich.
Entsprechend können durch schnelle und langsame Bewegungen starke und schwache Wellen erzeugt werden.

Eisenbahn fahren

Das Kind setzt sich mit dem Rücken zum Erwachsenen mitten auf eine Wolldecke. Der Erwachsene ergreift zwei Zipfel und beginnt die Decke zu ziehen. Die Lokomotive fährt los und dazu singen alle das Lied „Ri-Ra-Rutsch“.
Wenn das Lied vorbei ist, rufen alle laut „Endstation!“

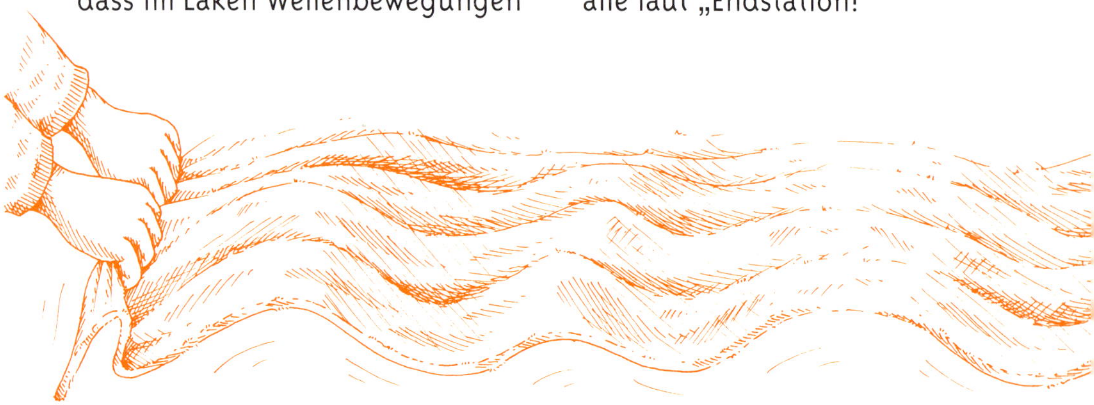

Ri-Ra-Rutsch

Text und Melodie: volkstümlich

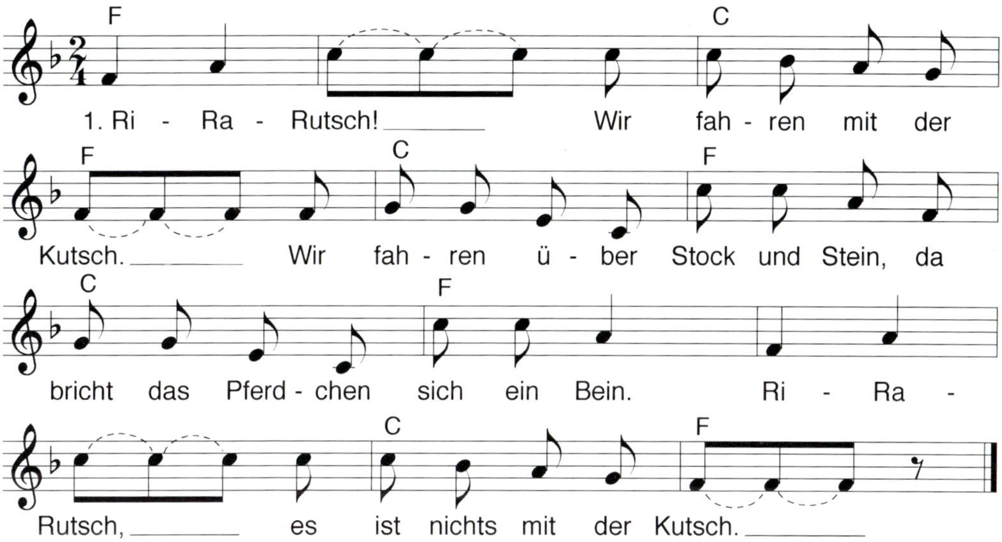

2. Ri-Ra-Ritten!
Wir fahren mit dem Schlitten.
Wir fahren übern tiefen See,
da bricht der Schlitten ein, o weh.
Ri-Ra-Ritten,
jetzt liegt im See der Schlitten.

3. Ri-Ra-Romnibus!
Wir fahren mit dem Omnibus.
Der Fahrer schläft.
Da macht es: bumm!
Da fällt der alte Kasten um.
Ri-Ra-Romnibus,
da liegt der dumme Omnibus.

Fliegendes Dach

Je nach Größe der Decke halten zwei oder vier Erwachsene diese hoch und bilden ein Flachdach. Sie laufen nun mit vielen Richtungswechseln umher und die Kinder laufen unter dem Dach mit. Dieses Bewegungsspiel kann auch mit einem Bettlaken durchgeführt werden.

Schüttelt das Kind

Das Kind setzt sich auf die Mitte der Wolldecke. Zwei Erwachsene heben auf beiden Seiten die Wolldecke jeweils an den Enden hoch und schütteln sie. Dazu wird ein Reim oder ein Lied, wie zum Beispiel „Spannenlanger Hansel" gesprochen oder gesungen. Das Kind soll nur dann geschüttelt werden, wenn es ihm Spaß macht. Achtung, dass das Kind nicht von der Decke fällt! Ferner sollen die Erwachsenen die Decke nicht sehr hoch vom Boden abheben, sondern nur gerade so, dass das Kind den Boden unter sich nicht mehr spürt.

Spannenlanger Hansel

Text und Melodie: volkstümlich

2. „Lauf doch nicht so schnelle, spannenlanger Hans!
Ich verlier die Birnen, und die Schuh noch ganz.“
„Trägst ja nur die kleinen, nudeldicke Dirn,
und ich schlepp den Sack mit den großen Birn.“

Fallendes Dach

Die Erwachsenen bewegen das Bettlaken gleichmäßig auf und ab. Die Kinder versuchen darunter herzulaufen, ohne von dem Laken berührt zu werden.
Alternativ zum Bettlaken kann auch eine Wolldecke verwendet werden.

Flugzeug

Das Kind liegt mit dem Bauch auf der Decke und streckt seine Arme und Beine aus. Zwei Erwachsene bewegen das Kind mit der Decke und sprechen oder singen dazu das folgende Lied. Dazu führen sie die geschilderten Bewegungen aus.

Das Flie-fla-flugzeug

Text und Musik: Detlev Jöcker

Bewegungsvorschläge:

1. *Das Kind mit der Decke am Boden leicht schütteln,*
2. *dann etwas anheben,*
3. *langsam im Kreis drehen*
4. *und etwas schneller werden.*
5. *Das Kind mit der Decke höher heben und dann wieder tiefer gehen*
6. *und schließlich vorsichtig auf den Boden legen.*

Ägyptische Mumie

Ein Laken wird auf dem Boden ausgebreitet. Ein Erwachsener legt sich auf die Schmalseite und wird von allen durch Rollen eingewickelt und wieder ausgewickelt. Danach wird ein Kind, wenn es mag, eingewickelt.
Dieses Spiel kann man auch stehend mit drehenden Bewegungen ausführen. Hierbei sollte allerdings darauf geachtet werden, dass die/der Einzuwickelnde nicht sein Gleichgewicht verliert und hinfällt.

Dachrinne

Die Erwachsenen bilden mit dem Bettlaken eine lange Dachrinne, indem sie es längs ein- bis zweimal zusammenfalten. Auf den Zuruf „Es regnet!“ lassen die Kinder an einem Ende (Schaumstoff-)bälle in die etwas schräg gehaltene Dachrinne rollen, laufen schnell an das andere Ende und fangen sie dort wieder auf, um es dann erneut regnen zu lassen.

Fliegende Luftballons

Auf ein Bettlaken werden viele Luftballons gelegt. Diese werden durch schnelles, gleichmäßiges Anheben des Lakens in die Luft katapultiert und danach möglichst alle wieder mit dem Tuch aufgefangen.

Luftballons und Wasserbälle

Pro Kind werden ein Wasserball, ein Luftballon und mehrere Reserveluftballons benötigt. Die Bälle und Ballons werden vor den Spielen aufgeblasen.

In der Luft halten

Die Kinder stoßen den Luftballon mit den verschiedenen Körperteilen immer wieder in die Luft. Wer kann den Ballon am längsten in der Luft halten?
Alternativ können sich auch ein Erwachsener und ein oder zwei Kinder den Ballon gegenseitig zuprellen.

Fußballtraining

Bevor die kleinen Fußballprofis mit ihrem Spiel beginnen, müssen sie zunächst einmal ein Trainingsprogramm absolvieren, das sich aus den folgenden Etappen zusammensetzt:

1. Übung: Die Kinder klemmen sich den Luftballon zwischen die Füße und hüpfen so herum.
2. Übung: Die Kinder sitzen mit ausgestreckten Beinen auf dem Boden. Sie klemmen sich den Ballon zwischen die Füße und versuchen nun, die gestreckten Beine so hoch wie möglich zu heben.
3. Übung: Die Kinder gehen auf Zehenspitzen und halten dabei den Ballon mit gestreckten Armen so hoch wie möglich. Danach gehen die Kinder in der Hocke weiter, wobei sie den Luftballon ganz dicht vor den Körper am Boden halten.

Jetzt kommen alle Fußballprofis in der Mitte zusammen und rufen dreimal laut: „Hipp, hipp, hurra!“ Das Fußballspiel kann beginnen und jeder tritt gegen seinen Luftballon, so fest er kann. Auch gegenseitiges Zukicken zwischen Erwachsenen und Kindern macht riesigen Spaß.

Pusten

Das Kind versucht den auf dem Boden liegenden Luftballon nur durch Pusten und ohne Einsatz von Körperteilen fortzubewegen. Oder aber ein Erwachsener und ein Kind liegen einander bäuchlings gegenüber und pusten sich den Ball gegenseitig zu.

Die größeren Kinder versuchen, den Ballon durch kräftiges Pusten durch ein Hindernis, zum Beispiel einen Stuhl, hindurchzubringen. Es kann auch eine Start- und Ziellinie markiert werden und das Kind muss den Ball vom Start bis zum Ziel pusten.
Hier kann auch ein kleines Wettpusten veranstaltet werden, bei dem die Erwachsenen alle Kinder kräftig anfeuern!

Kopfball

Ein Erwachsener und ein Kind stehen sich gegenüber. Der Erwachsene wirft dem Kind den Luftballon auf Kopfhöhe zu. Das Kind versucht den Ballon mit dem Kopf nach vorn zu stoßen, so dass der Erwachsene ihn wieder auffangen kann. Danach versuchen die Kinder einmal, alleine den Ballon mit dem Kopf in die Höhe zu stoßen. Wer kann das einige Male hintereinander, ohne dass der Ballon auf den Boden fällt?

Wasserträger

Das Kind legt sich den aufgeblasenen Wasserball auf den Kopf und hält ihn mit beiden Händen fest. Auf diese Weise geht es vorwärts, rückwärts und seitwärts, versucht sich hinzusetzen und wieder aufzustehen.

Hin und her wackeln

Das Kind legt sich mit dem Bauch auf einen aufgeblasenen Wasserball und rollt darauf hin und her. Dabei lässt es die Arme seitlich locker herunterhängen. Das Gewicht soll auf dem Ball und nicht auf den Füßen liegen, mit denen sich das Kind lediglich ein wenig abstützt.
Danach setzt sich das Kind vorsichtig auf den Ball und rollt ein wenig hin und her. Zu diesem Spielvorschlag kann begleitend das Lied „Zwerg Wackelmütze“ gesungen werden und die Kleinen versuchen, die angegebenen Bewegungsabläufe auf dem Wasserball auszuführen.

Zwerg Wackelmütze

Text: Ingrid Biermann / Melodie: Detlev Jöcker

Puppe oder Teddybär

Jedes Kind bringt seine Lieblingspuppe oder den heiß geliebten Teddybär mit. Zusätzlich wird ein Tuch, auf dem die Puppe beziehungsweise der Teddy liegen kann, benötigt.
Im Folgenden wird immer nur von der „Puppe" gesprochen, die Spiele sind aber in gleicher Weise auch mit dem Teddy durchführbar.

Kniereiterverse

Das Kind setzt sich die Puppe auf die Knie und hält sie an den Händen fest. Zum Rhythmus des folgenden Verses oder Liedes schaukelt es die Puppe auf den Knien.

Hoppe, hoppe, Reiter

Text: volkstümlich

Hoppe, hoppe Reiter.
Wenn er fällt, dann schreit er.
Fällt er in den Graben,
fressen ihn die Raben.
Fällt er in den Sumpf,
macht der Reiter plumps.

Willst du denn mein Pferdchen sein?

Text: Sonny Kunst / Melodie: Detlev Jöcker

Spaziergang

Das Kind kann mit der Puppe im Arm umhergehen, -laufen oder -hüpfen.
Nach einer Weile möchte die Puppe selbst laufen. Dazu wird sie an beiden Händen festgehalten und auf den Boden gestellt. Es werden Laufversuche zum Rhythmus des Liedes auf der nächsten Seite gemacht:

Himpel und Pimpel

Text und Melodie: Detlev Jöcker

Jetzt ist die Puppe müde und wird auf den Schultern huckepack getragen.

Reiten

Die Puppe möchte nun reiten. Dazu wird sie auf den Rücken des Kindes gelegt und dieses geht im Vierfüßlergang los. Alternativ kann sie aber auch huckepack getragen werden und das Kind läuft im Pferdchengalopp.

Tanz der Puppen

Die Puppe möchte tanzen. Dazu wird sie an beiden Händen gefasst und das Kind schwingt sie hin und her zu einem Lieblingslied aus dem Kassettenrecorder. Es kann aber natürlich auch gesungen werden!

Auf dem Spielplatz

Auf dem Spielplatz darf die Puppe zuerst schaukeln. Dazu wird sie im Stand hin- und herbewegt oder im Grätschstand durch die Beine auf- und abgeschwungen.
Die Puppe möchte nun Karussell fahren. Dazu dreht sich das Kind im Stand schnell um die eigene Achse und hält dabei die Puppe in beiden Händen.
Nun wird die Puppe beidhändig gefasst, hochgeworfen und wieder aufgefangen. Das macht Spaß!

Es regnet

Die Puppe sitzt auf dem Boden. Das Kind läuft im Raum zur Musik umher. Auf den Zuruf „Regen!" soll das Kind schnell zur Puppe zurücklaufen und über ihr durch Liegestützposition ein Dach bauen, damit diese nicht nass wird.

Flieger

Die Puppe wird an einer Hand und an einem Fuß gefasst. Nun dreht sich das Kind mit der Puppe um die eigene Achse, abwechselnd die Puppe hoch- und tiefhaltend. Auch die Geschwindigkeit sollte öfter geändert werden.
Danach halten zwei Kinder oder ein Erwachsener und ein Kind die

Puppe an den Händen fest und schwingen sie nach vorn. Dabei kann stehengeblieben oder mit nach vorn gelaufen werden. Dazu rufen alle laut „Puppe, flieg!“

Puppe-Kind-Turnen

1. Übung: Das Kind sitzt auf dem Boden und die Puppe sitzt oder liegt neben seinen Knien. Nun hebt das Kind erst das eine, dann das andere Bein gestreckt über die Puppe und legt sie auf der anderen Seite ab. Dann geht's in gleicher Weise in die Ausgangsposition zurück.
2. Übung: Das Kind sitzt in Grätsche auf dem Boden. Die Puppe liegt zwischen seinen Beinen. Nun versucht das Kind der Puppe einen Kuss zu geben.
3. Übung: In der Rückenlage stellt das Kind die Füße auf den Boden und zieht sie so nah wie möglich ans Gesäß heran. Auf seinem Bauch liegt die Puppe. Nun versucht das Kind sein Gesäß anzuheben. Optimal ist es, wenn Knie, Hüften und Schultern auf einer schiefen Ebene liegen.
4. Übung: Das Kind liegt auf dem Rücken und zieht die Beine so weit an den Körper heran, dass die Füße in der Luft schweben und die Schienbeine sich parallel zum Boden befinden. Die Puppe wird nun auf die Schienbeine gelegt. Das Kind hält die Puppe an den Händen fest und streckt die Beine in die Höhe.

Alle Übungen sollten mehrmals wiederholt werden.

Sanitäter

Die Puppe wird auf ein Tuch gelegt, das nun eine Krankentrage darstellt. Nun heben die Kinder oder ein Kind und ein Erwachsener das Tuch an allen vier Zipfeln hoch und bringen die Puppe zum Arzt. Dabei darf sie natürlich nicht von der Trage fallen.

Ruheübung

Die Puppe ist müde. Das Kind legt sie auf seinen Bauch und streichelt sie. Alternativ kann die Puppe auch auf dem Arm in den Schlaf gewiegt werden.
Dazu können Gute-Nacht-

Geschichten oder -Gedichte gesprochen oder das unten aufgeführte Schlaflied nach der Melodie von „Schlaf, Kindlein, schlaf“ gesungen werden.

Schlaf, Püppchen, schlaf!

Text: volkstümlich, Bearbeitung: Birgit Kaltenmorgen / Melodie: volkstümlich

2. Schlaf, Püppchen, schlaf!
Im Stall, da ruht das Schaf,
die kleine Maus schläft auch schon ein,
sie wird auch schon sehr müde sein.
Schlaf, Püppchen, schlaf!

3. Schlaf, Püppchen, schlaf!
Im Stall, da ruht das Schaf,
die Vögel sitzen auf dem Dach,
und sagen uns nun „Gute Nacht!“
Schlaf, Püppchen, schlaf!

Papier und Bierdeckel

Am besten steht eine kleine Papierkiste bereit, in der sich mindestens zehn Bierdeckel, fünf Servietten und zehn Bogen Zeitungspapier befinden. Wenn die Möglichkeit besteht, sollte unbedrucktes Zeitungspapier (Restrollen) aus Druckereien verwendet werden, das entsprechend zugeschnitten wird, da Druckerschwärze ungesund ist.
Auch weitere Papierarten von unterschiedlicher Stärke und Beschaffenheit, wie beispielsweise Butterbrot-, Computer-, Pack-, Geschenk-, Seiden-, Transparent-, Schreibpapier oder Küchenrolle können in der Papierkiste gesammelt werden.
Das Kind sollte vor den Übungen einige Papierarten in die Hand nehmen.

Gruß mit Hut

Zunächst wird für jedes Kind und jeden Erwachsenen ein Papierhut wie folgt gebastelt: Ein Blatt Papier (abhängig von der Größe des Kopfes: DIN A3 bis Zeitungsformat) wird quer in der Mitte gefaltet. Die geschlossene Seite liegt nun oben. Jetzt werden die linke und die rechte obere Ecke bis zur Blattmitte umgeknickt. Man hat nun eine Art Haus mit kurzen Wänden vor sich.
Die Wände werden schließlich an beiden Seiten hochgeklappt und die überstehenden Kanten faltet man jeweils nach innen. Fertig ist der Hut! Wer möchte, kann ihn auch noch anmalen.
Nun setzen alle ihren tollen Hut auf. Falls mehrere Kinder mit dabei sind, gehen alle kreuz und quer durch den Raum und begrüßen sich gegenseitig. Ansonsten werden die Puppen und Stofftiere im Kinderzimmer, die an verschiedenen Stellen platziert sind, begrüßt.
Mehr Spaß macht diese Übung mit dem Lied „Guten Tag, liebe Leute!“ auf der folgenden Seite. Bei der Stelle „Guten Tag“ wird jemandem die Hand geschüttelt.

1

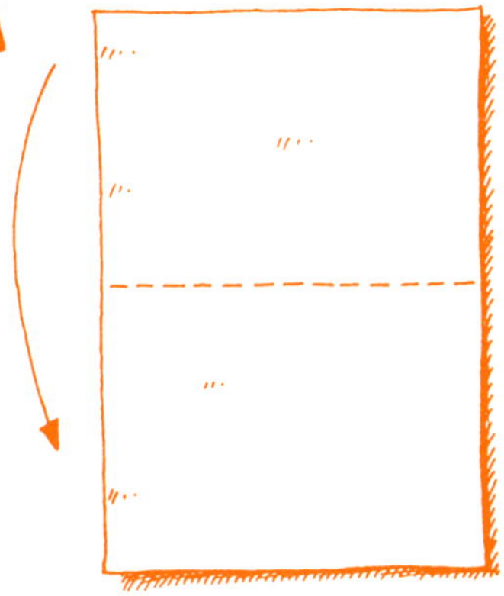

2

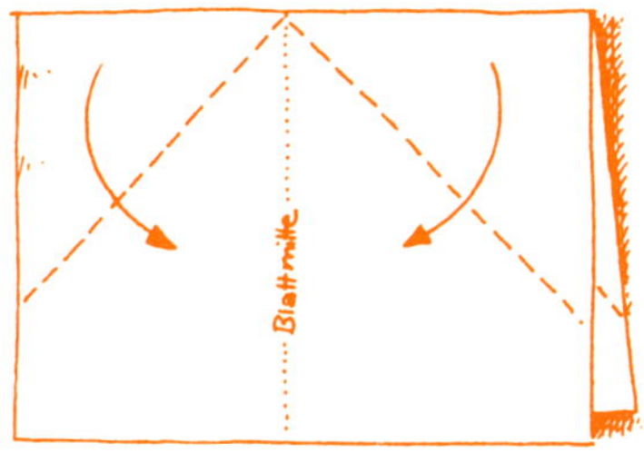

3

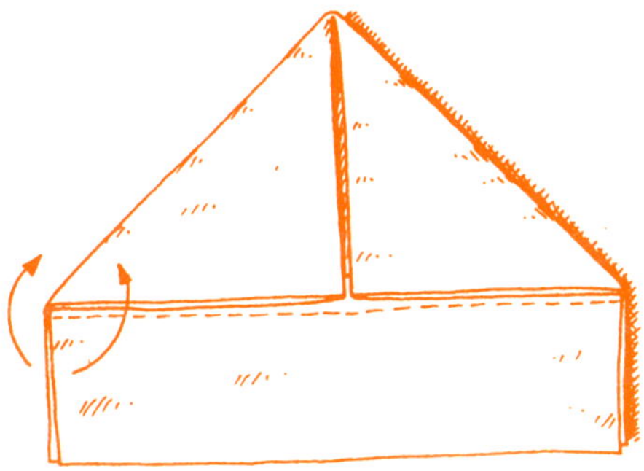

4

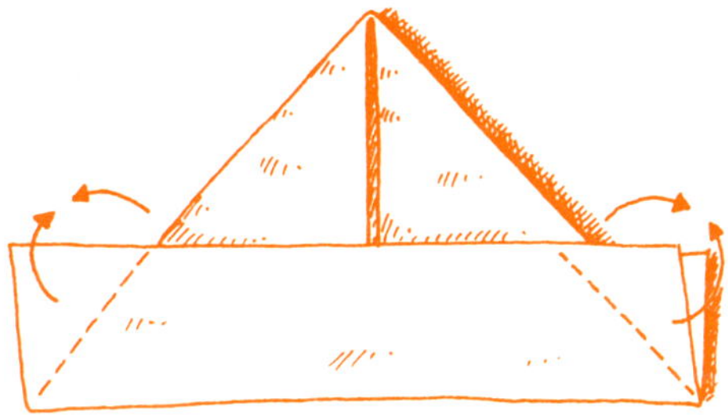

FERTIG!

Guten Tag, liebe Leute!

Text und Melodie: Detlev Jöcker

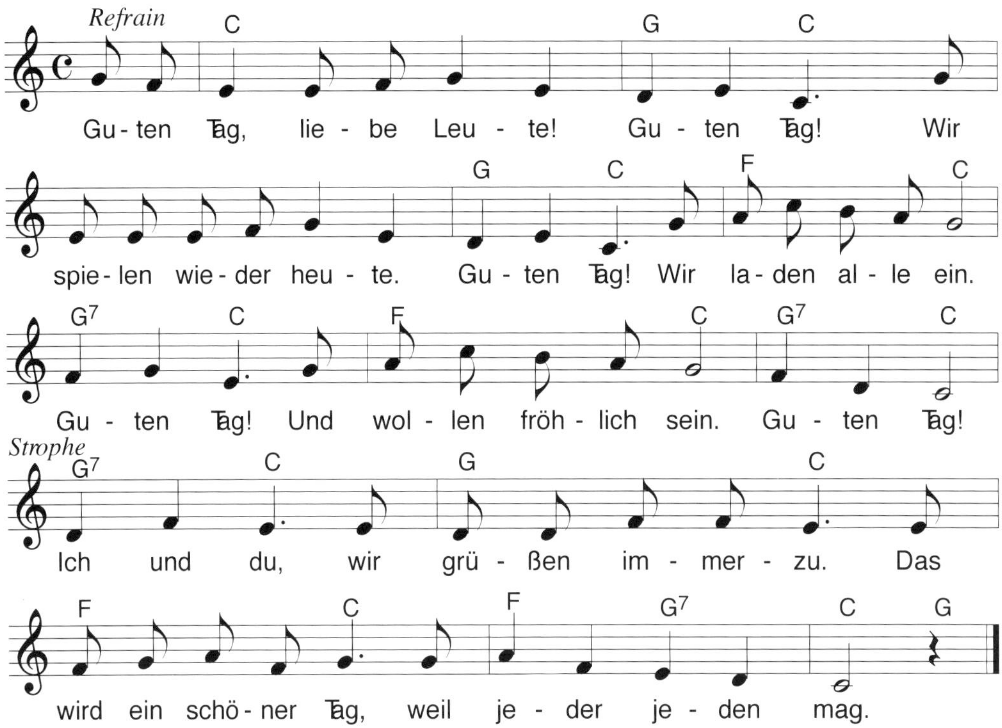

Refrain: Guten Tag, liebe Leute! Guten Tag! ...
2. Ich und du, wir klatschen immerzu.
Das wird ein schöner Tag,
weil jeder jeden mag.

Refrain: Guten Tag, liebe Leute! Guten Tag! ...
3. Ich und du, wir dreh´n uns immerzu.
Das wird ein schöner Tag,
weil jeder jeden mag.

Refrain: Guten Tag, liebe Leute! Guten Tag! ...
4. Ich und du, wir kommen jetzt zur Ruh´.
Das wird ein schöner Tag,
weil jeder jeden mag.

Wäsche aufhängen

Im Raum werden Wäscheleinen gespannt oder ein kleiner Wäscheständer aufgebaut.
Das Kind befestigt verschiedene Papiere mit Wäscheklammern an den Leinen. Falls es mit den Klammern Schwierigkeiten haben sollte, kann ein Erwachsener am Anfang dabei behilflich sein.

Es klebt

Eine dünne Papierserviette wird auseinander gefaltet und an den Bauch gehalten. Dann muss das Kind blitzschnell loslaufen, so dass das Papier am Bauch „kleben bleibt“ und nicht herunterfällt.
Wer kann auf diese Weise die Serviette auch an anderen Körperteilen kleben lassen?

Zerreißprobe

Ein Erwachsener und ein Kind halten gemeinsam einen Zeitungsbogen fest. Damit laufen oder gehen sie, ohne dass die Zeitung zerreißt. Insbesondere bei einem Richtungswechsel ist es wichtig, dass die beiden Laufpartner sich aufeinander einstellen oder vorher die Laufroute absprechen.

Schneeballschlacht

Mehrere Zeitungsbogen oder Papiere mit ähnlicher Stärke werden jeweils zu einem Knäuel zusammengedrückt. Nun können sich Kinder und Erwachsene gegenseitig mit den Papierbällen bewerfen. Es kann auch ein Zielwerfen auf einen Partner stattfinden, wobei vorher angegeben wird, welche Körperteile zu treffen sind.

Packesel

Das Kind transportiert nun Bierdeckel, ohne dabei die Hände zu benutzen. Dazu kann es einen Deckel zwischen Arm und Körper oder zwischen den Beinen einklemmen, auf den Kopf oder die Schulter legen oder krabbelnd beziehungsweise gebückt den Bierdeckel auf dem Rücken tragen und so weiter. Wer kann mehrere Bierdeckel an oder auf verschiedenen Körperteilen gleichzeitig transportieren?

Zudecken

Das Kind sucht ein etwas größeres Lieblingsspielzeug aus, wie zum Beispiel einen Teddybär. Dieses Spielzeug wird nun ganz mit Bierdeckeln bedeckt.

Deckel fangen

Ein Erwachsener lässt den Bierdeckel auf der Kante wie ein Rad durch den Raum rollen und das Kind versucht, den Deckel einzufangen.

Gleiten

Auf einem glatten Boden geht es nun zum Schlittschuhlauf.
Das Kind stellt sich mit jeweils einem Fuß auf einen Bierdeckel und versucht zunächst einmal vorwärts zu gleiten. Wer kann es auch rückwärts oder seitwärts? Zwischendurch führt das Kind ein kleines Kunststück, wie beispielsweise eine Drehung, vor. Dazu bleibt ein Fuß auf dem Bierdeckel stehen und mit dem anderen Fuß stößt sich das Kind ab, so dass es sich einmal um die eigene Achse dreht.
Ähnlich, aber etwas einfacher als das Schlittschuhlaufen ist das Rollerfahren. Hierbei gleitet das Kind mit einem Fuß auf dem Bierdeckel und stößt sich mit dem anderen Fuß ab. Wer kommt am schnellsten vorwärts?

Trompeter

Ein größeres Stück Papier wird zu einer dünnen Röhre aufgerollt. Nun trompetet das Kind damit zunächst verschiedene Töne und singt dann ein Lied, wie zum Beispiel „Trarira“.
Bei mehreren Kindern kann eine ganze Musikkapelle zusammengestellt werden, die stehend musiziert oder im Takt zur Musik losmarschiert.
Das folgende Lied wird nach der Melodie von „Trarira! Der Sommer, der ist da!“ gesungen.

Trarira

Text: volkstümlich, Bearbeitung: Birgit Kaltenmorgen / Melodie: volkstümlich

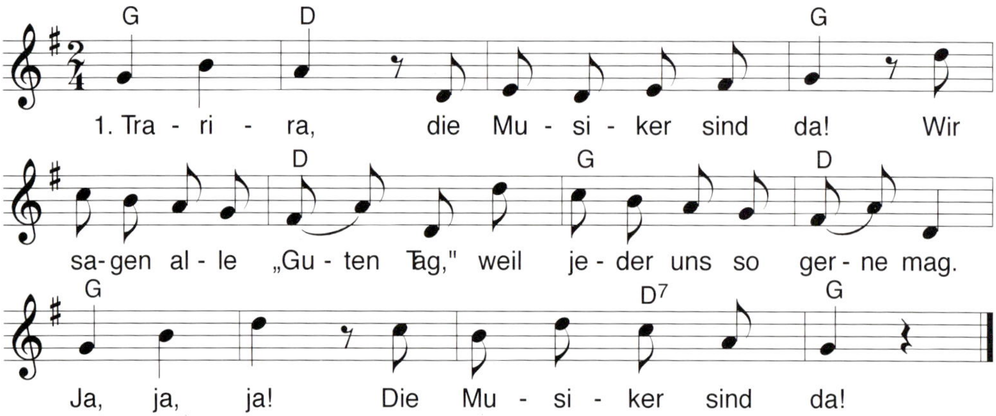

2. Trarira! Jetzt sind wir alle da!
Wir wollen musizieren und dazu auch marschieren.
Ja, ja, ja! Jetzt sind wir alle da!

3. Trarira! Die Musiker sind da!
Wir sagen nun „Auf Wiederseh´n“, weil wir schon bald nach Hause geh´n.
Ja, ja, ja! Die Musiker sind da!

2. Spiele ohne Materialien

Für die folgenden Spiele braucht jedes Kind lediglich einen Elternteil als Übungspartner.

Fingerspiele

Fingerspiele sind für die Kleinsten enorm aufregend und lustig. Es gibt viele schöne Fingerspiele, die Eltern mit ihren Kindern ausprobieren können. Zwei davon werden mit entsprechenden Spielvorschlägen hier vorgestellt und beschrieben.

Das Häuschen

Text: volkstümlich

1. Mein Häuschen ist nicht ganz gerde, das ist aber schade!
2. Mein Häuschen ist ein bisschen krumm,
   das ist aber dumm!
3. Huh, da bläst der böse Wind hinein.
4. Pardauz, da fällt mein ganzes Häuschen ein!

Spielvorschläge:

1. *Mit den Händen ein schräges Dach bilden.*
2. *Das Dach noch schiefer stellen.*
3. *Hineinpusten.*
4. *Hände fallen lassen.*

Daumen Knuddeldick

Text: volkstümlich

1. Das ist der Daumen Knuddeldick, das sieht man auf den ersten Blick.
2. Und macht das Kind ein Fäustchen, kriecht Knuddeldick ins Häuschen.
3. Der Zeigefinger, der ist klug,
4. der droht, wenn jemand Böses tut.
5. Und bringt das Kind zum Lachen, beim Kille-kille machen.
6. Der Dritte ist der Größte hier, viel länger als die andern vier.
7. Da kann er schön bewachen, was seine Brüder machen.
8. Der Vierte ist ein eitles Ding,
9. der trägt am liebsten einen Ring.
10. Und schmückt er sich zum Feste, denkt er, er wär´ der Beste.
11. Von allen Fingern kommt zum Schluss, der winzig kleine Pfiffikus.

12. Der wedelt mit dem Schwänzchen, beim frohen Fingertänzchen.

Spielvorschläge:

1. *Daumen zeigen.*
2. *Faust bilden und Daumen darin verstecken.*
3. *Zeigefinger zeigen.*
4. *Mit dem Zeigefinger drohen.*
5. *Mit dem Zeigefinger das Kind kitzeln.*
6. *Mittelfinger zeigen.*
7. *Mit dem Zeigefinger der anderen Hand die Fingerkuppen von Daumen, Zeigefinger, Ringfinger und kleinem Finger der Spielhand berühren.*
8. *Ringfinger zeigen.*
9. *Bewegung des Ringansteckens machen.*
10. *Ringfinger strecken.*
11. *Kleinen Finger zeigen.*
12. *Erst mit dem kleinen Finger zappeln und zum Schluss alle zehn Finger bewegen.*

Spiegelbild

Ein Erwachsener führt verschiedene Bewegungsarten vor, wie zum Beispiel: Hände auf den Kopf legen, sich an die Nase fassen, sich bücken, hinknien, ein Bein hochheben und so weiter. Das Kind versucht die Bewegungen nachzuahmen. Danach werden die Rollen getauscht.

Fußtreten

Ein Erwachsener und ein Kind stehen sich gegenüber. Das Kind versucht dem Erwachsenen auf die Füße zu treten. Dieser wiederum versucht geschickt auszuweichen, indem er auf engem Raum vorwärts, rückwärts oder seitwärts geht. Um das Spiel etwas spannender zu gestalten, ist es wichtig, dass die Kleinen auch ab und zu einen Treffer landen.

Es läutet

Ein Elternteil steht im Grätschstand hinter dem Kind. Das Kind ist jetzt eine große Glocke: Dazu wird es unter den Achseln gehalten und durch die Beine nach vorne und hinten geschwungen. Begleitend kann das französische Kinderlied „Bruder Jakob" gesungen werden.

Bruder Jacob

Text und Melodie: volkstümlich

Kräfte messen

Dieses Spiel kräftigt die Beinmuskulatur des Erwachsenen und die Armmuskulatur des Kindes. Der Erwachsene sitzt auf dem Boden und hebt die geschlossenen Beine gestreckt an. Das Kind versucht die Beine herunterzudrücken und der Erwachsene steuert dagegen. Dabei sollte er dem Kind das Herunterdrücken mal leichter und mal schwerer machen.

Draisine fahren

Nun wird ein altes Eisenbahnfahrzeug zur Streckenkontrolle, auch Draisine genannt, in Bewegung gesetzt. Dazu stehen sich das Kind und ein Erwachsener gegenüber und geben sich beide Hände. Einer steht und der andere hockt. Diese Position muss nun immer im Wechsel eingenommen werden, das heißt, wenn ein Partner in die Hocke geht, geht der andere in den Stand und so weiter. Wenn das Kind mit dieser Übung vertraut ist, kann die Draisine auch mit unterschiedlichen Geschwindigkeiten gefahren werden.

Tunnel

Der Erwachsene macht einen hohen Liegestütz mit gestreckten Armen und Beinen, wobei zusätzlich die Arme weit auseinander und die Beine gegrätscht sind. Das Kind hat nun viele verschiedene Möglichkeiten durch diesen Tunnel hindurchzukriechen.

Rollen

Ein Erwachsener liegt mit dem Rücken auf dem Boden. Das Kind liegt auf ihm und fasst ihn mit den Armen um den Hals. Der Erwachsene umfasst den Rücken des Kindes. Nun rollen beide gemeinsam wie folgt: Der Erwachsene rollt über den Rücken und dann weiter über die Ellbogen/Unterarme und Knie, bis er wieder in Rückenlage ist. Und dann geht das Rollen von vorne los.

Zappelhandstand

Das Kind und der Erwachsene stehen sich gegenüber und das Kind legt auf die Füße des Erwachsenen jeweils eine Hand. Nun beugt sich die Mutter oder der Vater über das Kind und nimmt dessen Fußgelenke nacheinander in die Hand. Vorsichtig wird dann das Kind in den Handstand geführt. Wenn sich das Kind in dieser Position sicher fühlt, kann der Erwachsene auch ganz kleine, langsame Schritte machen. Das Kind sollte aber nicht zu lange im Handstand bleiben.

Die Bärenfamilie

Der Erwachsene erzählt jetzt eine sogenannte „Bewegungsgeschichte", zu der sich das Kind phantasievoll bewegen soll. Nachfolgend wird ein kleines Beispiel mit Bewegungsanregungen gegeben. Aber natürlich sind der Phantasie des Erwachsenen beim Erfinden neuer Geschichten keine Grenzen gesetzt!

Vater Bär

1. Im tiefen Wald wohnt eine Bärenfamilie.
   Es ist früh am Morgen und alle Bären liegen in ihrer Höhle und schlafen.
2. Als erster kommt Vater Bär aus der Höhle heraus und reckt und streckt sich.
   Nun ist es aber Zeit, für seine Familie Honig zum Frühstück zu besorgen.
3. Er nimmt einen Eimer
4. und stapft gemütlich zu einem Honigbaum.
5. Dort erntet Vater Bär den Honig und füllt seinen Eimer.
6. Doch plötzlich hört er ein Geräusch: „Sum, sum, sum."
7. Was ist das? „Das sind Bienen!" ruft Vater Bär und läuft schnell davon.
8. Hoppla, jetzt stolpert er auch noch über einen Ast.
9. Endlich ist er zu Hause angekommen.

10. Mutter Bär und ihre Kinder warten schon ungeduldig und klatschen vor Freude, als sie Vater Bär sehen.
11. Alle rufen laut „Hurra!“

11. Arme weit ausstrecken und „Hurra“ rufen.

Bewegungsvorschläge:

1. *Auf dem Boden liegen, Kopf seitlich auf die Hände legen und Augen schließen.*
2. *Aufstehen, etwas gebückt auf der Stelle gehen, dann aufrecht stehen und Arme weit nach oben strecken.*
3. *Pantomimisch einen Eimer nehmen.*
4. *Mit den Füßen auf der Stelle stampfen.*
5. *Pantomimisch pflücken und Eimer füllen.*
6. *Eine Hand hinter das Ohr halten und horchen.*
7. *Schnell auf der Stelle laufen.*
8. *Stolpern.*
9. *Stehenbleiben.*
10. *In die Hände klatschen.*

DETLEV JÖCKER & seine Lieder
...durch ein ganzes Kinderleben!

Lustige und lehrreiche Muntermacher
CD/MC/LiederSpieleBuch

LiederHörSpiel zum Thema
Abgeben und Teilen
CD/MC/LiederSpieleBuch

LiederHörSpiel zum Thema
Helfen braucht Mut
CD/MC/LiederSpieleBuch

Die allerersten Lieder und Spiele
CD/MC/LiederSpieleBuch

LiederHörSpiel für die ganze Familie
CD/MC/LiederSpieleBuch

Kunterbunte Ohrwürmer
für die ganze Familie
CD/MC

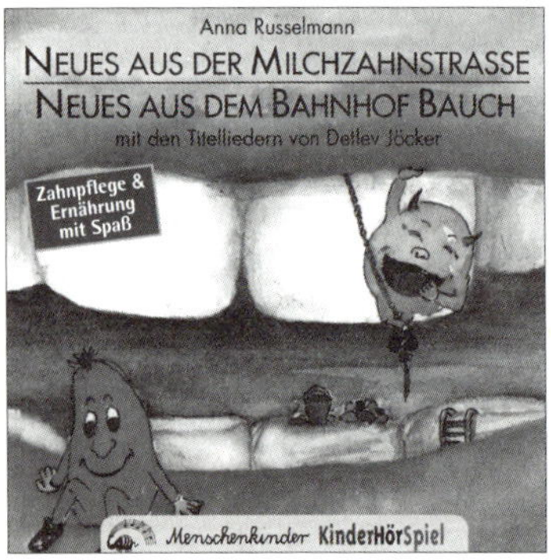

HörSpiel zum Thema
Zahnpflege und Ernährung
CD/MC

Spiel- und Lernlieder für (ganz) Kleine
CD/MC/LiederSpieleBuch

Unser aktuelles Verlags-
programm mit weiteren
Tonträgern und Büchern
von Detlev Jöcker
schicken wir Ihnen gerne
und unverbindlich zu.

Menschenkinder Verlag
An der Kleimannbrücke 97
48157 Münster
Tel.: 02 51 / 9 32 52-30
Fax: 02 51 / 9 32 52-90

Menschenkinder